Pregunta esencial

¿Qué es un cuento folclórico?

Versión de Amy Helfer
ilustrado por Diane Paterson

Tata Roca

Había una vez un niño que vivía cerca de una aldea. Se llamaba Rijá.

No tenía papá ni mamá. Siempre andaba con la ropa rota y la cara sucia. Pero le gustaba cantar.

Rijá no tenía tiempo para jugar. Debía cuidarse solo. Tenía que limpiar su choza. También tenía que hacerse la comida.

Rijá salía a cazar al bosque todos los días. La gente le daba frijoles y maíz a cambio de animalitos salvajes.

Un día, Rijá se recostó a descansar. Se apoyó en una roca gigante. Estaba casi dormido cuando oyó una voz.

—¿Puedo contarte una historia? —dijo la voz.

Rijá se asustó y miró a todas partes.

—¿Quién anda ahí? —dijo enojado—. ¡Déjame verte!

—Soy yo. Tata Roca —respondió la voz, y Rijá vio que se formaba una cara en la roca—. No quiero asustarte. Solo quiero que juguemos a contar historias.

Rijá escucha las historias

—¿Qué es una historia? —dijo Rijá.

Tata Roca le contó:

—Las historias dicen lo que pasó hace mucho tiempo.

Rijá se sentó. Tata Roca empezó un relato sobre una época lejana.

Primero, le contó cómo les salieron alas a los pájaros. Después, le contó cómo aprendieron a nadar los peces.

Luego de unas horas, Tata Roca ya estaba cansado.

—Ve a casa —le dijo a Rijá—. Ven mañana y te contaré más.

Rijá volvió a la aldea. Una mujer le dio comida caliente a cambio de las aves que él había cazado. Rijá comió y se fue a dormir.

Rijá iba a escuchar las historias todos los días. Un día, Tata Roca le dijo:

—Eso es todo lo que sé. Estoy contento porque ahora tú sabes lo mismo que yo. Debes contar estas historias para que no se pierdan en el olvido.

Rijá cuenta las historias

Rijá volvió a casa y empacó sus cosas mientras cantaba una melodía. Al día siguiente, abandonó la aldea. Anduvo por largos senderos hasta que llegó a otra aldea. Allá contó todas las historias que sabía.

A grandes y chicos les encantaron las historias de Rijá. Y decidieron darle muchos regalos.

Rijá visitó una aldea tras otra contando historias. Después de muchos años, volvió a su aldea. Ya era adulto. ¡Nadie lo reconoció!

Lo invitaron a sentarse alrededor de una fogata. Compartieron la comida con él. Luego, Rijá empezó a contar las historias.

Cuando terminó, dijo:

—Cuenten estas historias a sus hijos y a los hijos de sus hijos. Ahora que saben las historias de nuestro pueblo, no deben olvidarlas.

Ese es el origen de todas las historias. Por eso la gente todavía cuenta historias. Cuando te cuenten una historia sobre el pasado de tu pueblo, escucha con atención... Luego cuéntasela a alguien más.

Respuesta a la lectura

Volver a contar

Vuelve a contar *Tata Roca* con tus propias palabras.

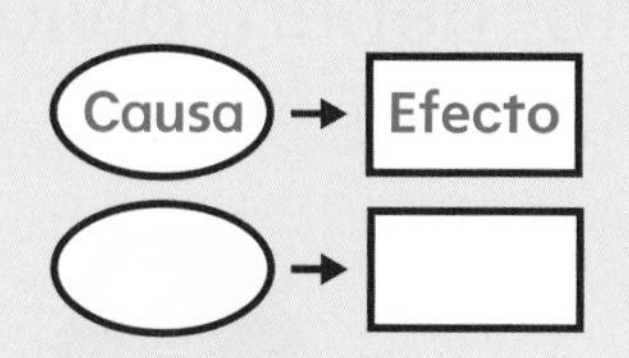

Evidencia en el texto

1. Mira las páginas 2 y 3. ¿Por qué Rijá no tenía tiempo para jugar? Causa y efecto

2. Mira la página 10. ¿Por qué no reconocieron a Rijá en su aldea? Causa y efecto

3. ¿Cómo sabes que *Tata Roca* es un cuento folclórico? Género

Compara los textos

Lee una poesía sobre los cuentos.

Este cuento

Carmen Delfino

Este cuento es tan viejito,

que nadie sabe cuándo comenzó.

Nadie sabe de dónde viene...

ni quién lo hizo ni dónde nació.

Este cuento me lo contó mamá,

y a mamá se lo contó su abuela.

¿Será que es una historia muy vieja

de esas que corren, saltan y vuelan?

Yo lo cuento a mi manera,

con mi estilo y con mi voz.

Si te gusta, te lo regalo.

Es de todos, es de los dos.

Haz conexiones

Mira los dos textos. ¿Por qué los cuentos son importantes? ¿Qué nos pueden enseñar los cuentos? El texto y otros textos

Enfoque: Género

Cuento folclórico Un cuento folclórico es una historia basada en tradiciones y costumbres. Los cuentos folclóricos se han pasado a lo largo de los años mediante la tradición oral. Por lo general, tienen moraleja.

Lee y descubre En *Tata Roca,* Rijá conoce las historias de su pueblo porque una roca se las cuenta. En la vida real eso no sucede. Las rocas no pueden hablar.

Tu turno

Escribe un cuento folclórico que explique por qué un fenómeno de la naturaleza es como es. Haz un dibujo del cuento. Muéstrales a tus compañeros tu cuento y tu dibujo.